手づくりおもちゃを100倍楽しむ本

5分間もかからない

木村 研

いかだ社

はじめに

　『手づくりおもちゃ研究家』の肩書きをいただくようになって、もうずいぶん長くなります。
　その間に、数多くの『おもちゃ』の本を書かせてもらいましたし、講師でよんでいただいたことも数えきれません。
　それなのに、どこでも「工作がニガテで」という、言い訳からはじめるのは心苦しく思っています。
　しかし、めんどうくさがりやで、工作がニガテなボクには、簡単なものしかつくれません。また、きれいに仕上げて飾っておく、という趣味もありません。
　自分で言うのも何ですが、これまでの『おもちゃ研究家』のイメージとはおよそ違うでしょう。
　何しろ、いまだに『研究』などしたことがないのですから……。
　もうずいぶん昔のことになりますが、おもちゃの話をすることがあって、初めて研究（勉強）したことがあります。辞書で『おもちゃ』を調べたところ、たしか、【子どもが持って遊ぶ道具】というようなことが書いてあったと記憶しています。
「そうか、遊ぶからおもちゃなんだ!」
　目からうろこが落ちた思いでした。
　そのときからボクは、
「遊べないものは、おもちゃじゃない」
と決め、『遊ぶ』ということにこだわるようになりました。
「つくったら遊ぶ、遊んでみるといろいろな発見がある。発見があるからもう1つつくりたくなるし、工夫もしたくなる」
と。
　いま思うと、このころボクのおもちゃが決まったように思います。
　そうなると、簡単なものしかつくれなかったことが、
「簡単にできるから、すぐに遊べる」
「簡単だから、もう1つつくってみたくなる」
と、逆に保育の現場で受け入れられたのでしょう。
　考えてみれば、『おもちゃ』は、準備してからつくるものではないと思います。遊ぶためにつくるものであったり、

遊んでいるなかで必要になってつくるものが多いと思います。
　本書は、簡単につくって、たくさん遊べるように年齢別の遊び方を紹介していますが、年齢別はひとつの目安です。
　むしろ、相手の子どもたちの発達ぐあいや好奇心で、自由に変えていってください。そのなかから、子どもたちと一緒に新しい遊びを考えたり、おもちゃを改良していくなど、遊びを広げていってほしいと思います。
　昨年、ある出版社の『夏の実技講習会』で、750人ぐらいの先生や保育者の方の前で講師をすることになり、困った思い出があります。
　なにしろボクのおもちゃは、
「そんなの知ってるよ」
と言われそうな、簡単(基本的)なものばかりです。
　それに、広い会場で小さな物を紹介するのですから、教えようと思ったら、お引き受けなどできませんでした。
「つくり方より遊び方を覚えてほしいので……」
と簡単なおもちゃを全員でつくり、そのおもちゃで一緒に遊んでもらい、遊ぶことの楽しさを『感じてもらう』よう勤めました。
　後日、編集部に届いたアンケートを送っていただき、『おもちゃの考え方が180度変わった』とか、『目からうろこが落ちた』などの感想が多く、ちょっぴり自信が持てました。
　今なら、迷わず先生や保育者の方たちに、
「おもちゃの数を多く覚えるより、覚えたおもちゃをどう自分のものにするかを考えてほしい」
と言います。言い換えれば、
「どれだけ使える(遊べる)かが大事」
ということでしょう。
　先生たちの『遊び心』におおいに期待しています。
　それが、子どもに『力』をつけることになるのですから……。
　いつか、どこかでお会いできることを願っています。

木村　研

はじめに ………………………… 2

第1章　遊びが広がるおもちゃ
①ペッタン魚つり ………………… 6
②パックン魚つり ………………… 8
③紙コップ人形 …………………… 10
④ふわふわはねつき ……………… 12
⑤CDのコマ ……………………… 14
⑥カッパのぱくぱく ……………… 16
⑦ミミズクのお面帽子 …………… 18
⑧折り紙のかんたんお面 ………… 20
⑨紙袋のヘンシンお面 …………… 22
⑩割りばしライフル ……………… 24
⑪飛んでけ！ストロロケット …… 26
⑫ストローアーチェリー ………… 28
⑬ジャンプガエル ………………… 30
⑭ヘビのびっくり箱 ……………… 32

第2章　子どもとつくるおもちゃ
①ヘンシン絵本 …………………… 34
②水に開く花びら ………………… 36
③どんぐりペンダント …………… 38
④ゆらゆらカモメ ………………… 40
⑤かんたんトレーパズル ………… 42
⑥くいしんぼうのカエル ………… 44
⑦ごあいさつギツネ ……………… 46
⑧ポンポンスタンプ遊び ………… 48
⑨「だぁーれ」のお話封筒 ……… 50
⑩牛乳パックのパズルボックス … 52
⑪牛乳パックのブロック ………… 54

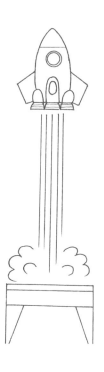

第3章　みんなで遊ぶおもちゃ
①かんたん水でっぽう ……………… 56
②いい音聞こう ……………………… 58
③インスタントカメラ ……………… 60
④牛乳パックのカメラ ……………… 62
⑤くるくるたこコプター …………… 64
⑥ふわふわフクロウだこ …………… 66
⑦動物レース ………………………… 68
⑧穴あき迷路絵本 …………………… 70

第4章　体をつかって遊ぶおもちゃ
①ふーふー雪だるま ………………… 72
②トントン紙ずもう ………………… 74
③ペッタンてるてるぼうず ………… 76
④ジャンボヨーヨー ………………… 78
⑤むくむくびっくり箱 ……………… 80
⑥煙突から出てくるサンタさん …… 82
⑦速いぞ！ロープウエー …………… 84
⑧おきあがるくん …………………… 86
⑨ふきふき動物運動会 ……………… 88
⑩飛べ！　ロケット鳥 ……………… 90
⑪トレーグライダー ………………… 92
⑫すいすい鳥 ………………………… 93

【作品づくりの前に用意しておくと便利な道具】
●筆記用具（鉛筆・消しゴム・油性マーカー・色鉛筆・絵の具・クレヨン）
●接着道具（セロハンテープ・ガムテープ・両面テープ・ビニールテープ・木工用ボンド）
●切るときに使う道具（はさみ・カッター）
●その他（ホチキス・穴あけパンチ・千枚通し・定規）
☆各ページの"用意するもの"は、その作品をつくるために必要なものを表示してあります。

第1章　遊びが広がるおもちゃ

１ ペッタン魚つり

かんたんにできて、
楽しい不思議な
魚つりです。

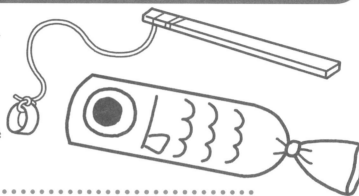

■用意するもの
・ビニールのかさ袋・割りばし・タコ糸

つくり方

〈魚〉
①かさ袋に空気を吹き込む。

②好きな長さにしばって、魚の形にする。

③油性マーカーで目やうろこな
どの模様を描く。

ポイント マーカーはくっつきやすいので、袋をなめたりする幼児の場合は先にマーカーで描いて、袋を逆にして魚をつくるとよい。

〈つりざお〉
①割りばし（半分に割ってもよい）に30㎝くらいのタコ糸を結び（セロハンテープでとめてもよい）つける。
②4〜5㎝のセロハンテープを逆巻きにして、タコ糸の先に結ぶ。

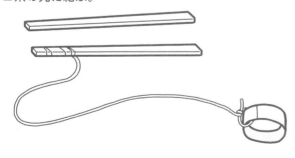

遊び方

① 魚を床に置く。
② つりざおを持ってセロハンテープ部分を魚にくっつけると、ペッタンとつれる。

応用・発展

●魚をたくさんつくって、"魚屋さん"や"つり堀"などのごっこ遊びに発展させると楽しいですね。きっと、いろいろな魚をつくりたくなりますよ。

年齢別　遊びのポイント

●年少では……　先の曲がるストローの先にセロハンテープを逆に巻きつけて、つりざおにしましょう。必ずつれるので小さな子どもにもオススメ。

●年中では……　スーパーのレジ袋や大きなゴミ袋で魚をつくり、大きな魚でつりをしてみましょう。子どもたちの得意そうな表情がいいですよ。

●年長では……　魚に輪ゴムをつけて、ひっかけられるつりざおをつくりましょう。魚をビニールプールなどに浮かべると、本当の魚つり気分を味わえますよ。

② パックン魚つり

生きているの？ と思わせる楽しい魚つりができます。

用意するもの
・牛乳パック2本（注・底を使います）・輪ゴム・厚紙（牛乳パックの残った部分でもよい）・先の曲がるストロー・タコ糸

つくり方

〈魚をつくる〉

① 牛乳パックの底を生かし、サイコロを半分に切った形を2個つくる。

2つ　7cm

② 底を下にして、向かい合わせるようにガムテープで貼る。

すき間をつくってはる

③ 正面の下に近い部分に、それぞれ穴をあける。

※鉛筆でも穴をあけられるよ。

④ 穴から穴に輪ゴムを通し、糸止めでとめる。

⑤ 目やひれ、尾をつけ、厚紙でつる部分をつける。

ポイント　図のように、片方のタコ糸を使って輪ゴムを通す方法だと子どもにも簡単に通すことができる。糸止めは、牛乳パックの残りの部分などを使うとよい。

〈つりざおをつくる〉

①残った牛乳パックの側面や厚紙を図のように切る。
　※先の曲がるストローの短い方を半分ほど切ってもよい。

年齢別 遊びのポイント
●年少では……　つる部分を指でつまんでつりあげてみましょう。
●年中では……　厚紙で針を、割りばしとタコ糸でつりざおをつくって、つってみましょう
●年長では……　運動会などで"魚つり競争"をしてみましょう。

①口を開くように伏せる。
②つりざおを持って魚をつってみよう。
　パックンといい音がして魚がつれるよ。

応用・発展

●耳やしっぽをつけたり、体部分に絵を描いて、いろいろな動物をつくってみよう。

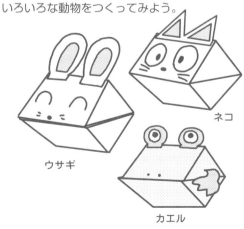

第1章　遊びが広がるおもちゃ

③ 紙コップ人形

お話が好きになるおもちゃです。
あいさつに、自己紹介に、
使い方はいろいろです。

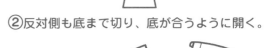

用意するもの
・白い紙コップ ・タコ糸

つくり方

①コップの貼り合わせた部分を底まで切る。

ポイント 紙コップの底は浮いています。底に穴をあけないよう注意。

③底を口にして絵を描く。

②反対側も底まで切り、底が合うように開く。

おりまげる

ポイント 折り曲げた底の部分はバネになるので持たないようにする。

ポイント 先にコップの縁を落としてから、カーブにそってはさみを入れる。縁は糸止めとして使うので捨てないこと。

ポイント ずれてしまったら、歯などをつけるとかわいい表情になる。

④上半分を切り抜く。

※穴は口の前のほうにあける。

⑤底に2か所穴をあけ、糸止めをつけたタコ糸を通す。

第1章 遊びが広がるおもちゃ

遊び方

①人形を持って、糸を下に引く。
②口がパクパク動く。

年齢別 遊びのポイント

- 年少では……歌に合わせて糸を引くと可愛いですよ。
- 年中では……各自、人形を持ってお話をしましょう。
- 年長では……自己紹介に使ったり、たくさんつくって人形劇をしましょう。

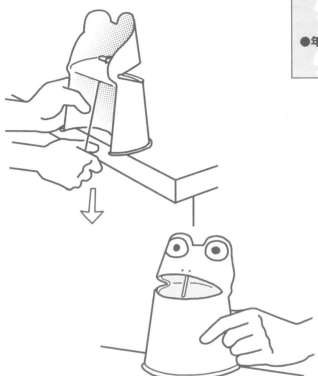

応用・発展

- 保育園などでは朝のお迎えに使ってみましょう。
- 読み聞かせの小道具などにも使いましょう。

第1章 遊びが広がるおもちゃ

④ ふわふわはねつき

軽くて安全。
幼児にもできるはねつきです。

用意するもの
・(スーパーなどにおいてある) 薄めの
ビニール袋・ミルク容器

つくり方

①ビニール袋に空気を吹き込み、口をしばる。

②ミルク容器をしばった部分にかぶせ、セロハンテープでとめて羽根をつくる。
（はみだすようなら切り取る）

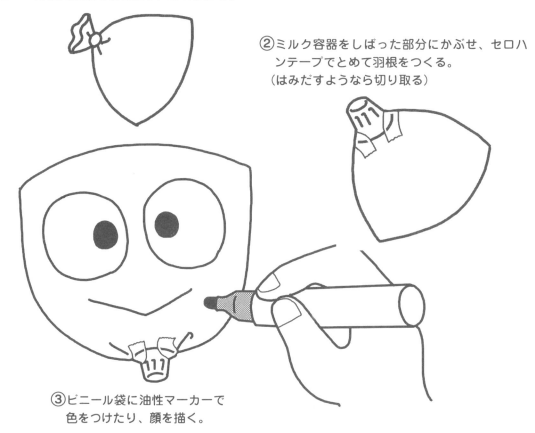

③ビニール袋に油性マーカーで
色をつけたり、顔を描く。

第1章　遊びが広がるおもちゃ

遊び方

・羽をつくように手でついてみよう。
・足やおしりでもついてみよう。
・2人で羽根つきをしてみよう。

年齢別 遊びのポイント

- ●年少では……　上から落として子どもにキャッチさせましょう。
- ●年中では……　トレー容器を持って、1人で何回つけるか数えながらついてみましょう。
- ●年長では……　うちわを羽子板がわりに使い、友だちと羽根つきをしましょう。みんなで羽根つきをしても楽しいですね。

応用・発展

- ●うちわやトレーを使って、はねつきをしてみよう。
- ●大きなポリ袋でつくって（おもりはヨーグルト容器を使おう）大きな羽根をつくり、みんなで一緒にはねつきをしよう。

第1章　遊びが広がるおもちゃ

⑤ CDのコマ

幼児から遊べるコマです。
コマ回しに、ゲームにと、いろいろ楽しめます。

用意するもの
・古いCD ・ビー玉

つくり方

①古いCDに油性マーカーで絵を描いたり、シールを貼って模様をつける。

②ビー玉を穴にはめて、上からセロハンテープで押さえるようにとめる。

ポイント ビー玉を少し下に出すようにして貼るので、机の上に置いて貼るより、CDを手に持ってたほうが貼りやすい。

遊び方

①机の上に置いて、ビー玉をひねって回してみよう。
　クルクルよく回るよ。
②絵がどのように見えるか楽しもう。

年齢別 遊びのポイント

- ●年少では…… 絵を描く代わりにシールなどをCDの表面に貼りましょう。
- ●年中では…… だれのコマがよく回るか競争してみましょう。
- ●年長では…… CDに矢印をつけてルーレットにして遊びましょう。

応用・発展

- ●点取りゲームや占い、係りを決めるときなどに使いましょう。

第1章　遊びが広がるおもちゃ

⑥ カッパのぱくぱく

口がぱくぱく動くおもちゃです。
ゲームに、お手伝いに、いろいろな
場面で使えます。

用意するもの
・長方形の紙

つくり方

①長方形の紙を長く半分に折り、4すみを折る。

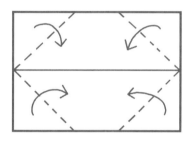

②とがった部分を合わせるように折る。

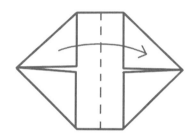

③とがったほうを自分のほうに向けて、2枚を上まで折る。

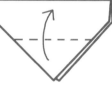

④1枚を開く。

⑤斜めを横線に合わせて折り目をつけて開く。反対も同じように折り目をつけて開く。

※途中まで折る。

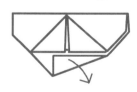

⑥回転させて、同じように折る。

⑦両方を折ると、中央がくちばしのように立つ。

⑧サインペンでカッパの顔を描いて、半分に折る。

遊び方

①両手で左右を持って動かすと、口がばくばく動く。
②口でものをはさむことができる。

年齢別 遊びのポイント

- ●年少では…… プレゼントを渡すのに使います。きれいな紙ならお菓子などつまんで、口元に運んであげましょう。

- ●年中では…… 紙をひねってキュウリなどをつくり、カッパにキュウリを食べさせてあげましょう。遊んだあとはゴミ拾いをしましょう。

- ●年長では…… ゲームに使いましょう。
  ＊落ち葉拾い競争をしよう。
  ＊一列になって、カッパの口にはさんだキュウリ（バトン）を送って競争しよう。

応用・発展

- ●ペンダントのようにひもをつけてあげましょう。携帯用のゴミ拾い機になりますよ。

第1章　遊びが広がるおもちゃ

⑦ ミミズクのお面帽子

お散歩にかぶっていけば、
気分もウキウキ。
日よけ帽になります。

用意するもの
・大きめの紙（カレンダーなどでよい）

つくり方

①新聞を広げて正方形をつくり、三角に折る。

 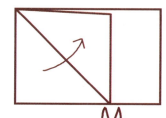 

②図のように左右を折り合わせて、紙コップをつくる。

③折り合わせてないほうで、くちばしを折る。

④ミミズクの顔を描き、コップ形を膨らませて、てっぺんを型でおさえてミミズクにする。

(1) (2)

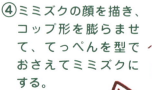

(3) (4)

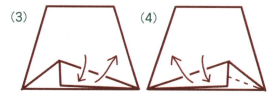

遊び方

日よけ帽子のかわりにかぶって散歩に行こう。
散歩の途中で見つけた落ち葉やどんぐり、缶のフタなどをセロハンテープで貼りつけてもかわいい。

年齢別 遊びのポイント

- **年少では**……帽子をかぶってお話をしたり、歌をうたいましょう。
- **年中では**……散歩のときに、落ち葉や木の実を拾ってお面に貼ってみましょう。
- **年長では**……お面帽子をバトンがわりにして、リレーをしましょう。

応用・発展

● 簡単な脚本をつくって劇遊びに使いましょう。

⑧ 折り紙のかんたんお面

ヒーローのお面をつくって、
パワーをつけてあげよう。
オニをつくれば節分の豆まきにも使えます。

用意するもの
・折り紙

つくり方

①折り紙を縦半分に折る。

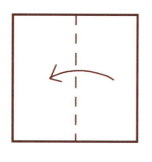

②キャラクターを描き、切り抜く。

③目と口の部分を切り抜いて広げればできあがり。

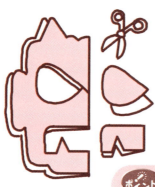

ポイント 子どもの目の位置を考えて切りましょう。目の部分は大きめに！

遊び方

・お面の左右にセロハンテープをつけ、子どもたちの顔に貼ってあげよう。

年齢別 遊びのポイント

- **年少では……** 顔に貼られるのを嫌がる場合は、シャツなどに貼ってあげましょう。
- **年中では……** お面に色を塗ったり絵を描きたしましょう。
- **年長では……** チーム分けやゲームをするときに使ってみましょう。いろいろなキャラクターをつくって劇遊びをしましょう。

応用・発展

●壁面飾りに使いましょう。
ドア、窓ガラス、鏡などに貼るときれいです。

第1章 遊びが広がるおもちゃ

⑨ 紙袋のヘンシンお面

制作も楽しい不思議なお面です。
節分の豆まきや早変わりにも使えます。

用意するもの
・紙袋（底のあるものがよい）・紙コップ・毛糸など

つくり方

①紙袋を子どもにかぶせて、目の位置を決める。

ポイント 袋が長い場合は、長さを生かした作品（顔）を工夫しても楽しい。

②袋の中に、丸めたタオルなどを詰め、目の位置（表裏）に、千枚通しでたくさん穴をあける。

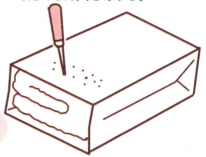

ポイント 先に袋に顔を描いてから穴をあけた方がきれいに仕上がるよ。

③袋の表裏に顔を描く。

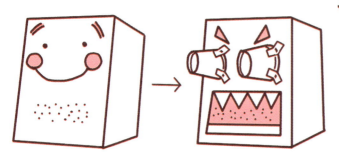

ポイント 紙コップ・毛糸・折り紙などを貼ってもいい。表と裏の顔は、ぜんぜん違ったほうがおもしろいよ。

遊び方

①お面をかぶる。
②お面を回転させて、ヘンシンする。

年齢別 遊びのポイント

- ●年少では…… つくったお面をかぶって、保育者と一緒に園庭を歩いてみましょう。
- ●年中では…… 落ち葉や木の実を貼ってつくりましょう。
- ●年長では…… 「オオカミさん、今何時？」など、早変わり遊びに使いましょう。豆まきのオニや劇遊びに使いましょう。

紙コップで角をつけてもいい。

応用・発展

- ●子どもたちの作品展をしましょう。いろいろなお面ができて楽しいですよ。

第1章　遊びが広がるおもちゃ

⑩ 割りばしライフル

幼児もつくれるかんたんな割りばしでっぽうです。
夏祭りやお店屋さんごっこでも使えますよ。

用意するもの
・平たい（安いものがよい）割りばし（1ぜんと1本）・輪ゴム

つくり方

① 1ぜんの割りばしに割れないように、もう1本の割りばしをはさむ。
（注・割ったときに幅の広いほうを上にして、2〜3cm出すほうがよい）

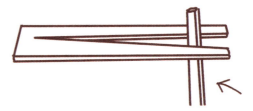

② 割りばしの長いほうを回転させて、ひねる。

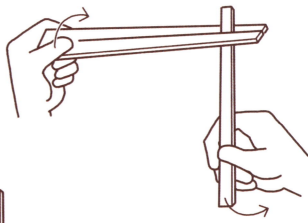

③ 割りばしの交差したところに輪ゴムを巻きつける。

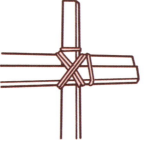

ポイント 幼児や力のない人は、輪ゴムを割りばしの先にかけて、同じ方向にくるくる巻く。そして、もう1本で、逆方向にくるくる巻くとよい。ただし、少しだけ出ている部分が、割れてない方から遠くなるようにしておくこと。角度がつかないときは、輪ゴムをもう1本使ってもよい。

第1章 遊びが広がるおもちゃ

遊び方

①輪ゴムをかける。
②ライフルをかまえて……。
③引き金を引くと輪ゴムが飛ぶ。

| 年齢別 | 遊びのポイント |

●年少では……　危ないので、1人で遊ばせるのはやめましょう。

●年中では……　輪切りにした牛乳パックをさらに半分に切り、動物を描いてハンターゲームをしましょう。点取りゲームもできます。

●年長では……　紙コップを積み上げて"射的屋さん"ごっこをしましょう。

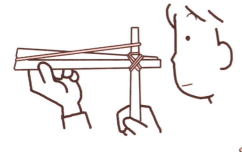

応用・発展

お父さんやおじいさんに割りばしてっぽうのつくり方を教えてもらいましょう。

第1章　遊びが広がるおもちゃ

⑪ 飛んでけ！ストローロケット

乳児から遊べて、
ロケットの仕組みもわかる（？）
おもちゃです。

用意するもの
・先の曲がるストロー(大)・細いまっすぐのストロー（小）
・画用紙など

つくり方

① 太いストローの先（曲がって長いほう）
をつまんで2cmほど切る。

② 細いストローの先をつまんで折り曲げる。

③ 折り曲げた部分をとめるように、①
で切ったストローの先をかぶせる。

ポイント ストローをつぶすようにして
はめこむとやりやすい。

④ 画用紙にロケットを描き、
セロハンテープで、かぶせ
た部分に貼る。

遊び方

①つくり方①で切った、太いストローの長いほうに細いストローを入れる。
②ストローを立て、「1，2の3」で、太いストローの短いほうを吹いてみよう。
勢いよく細いストロー（ストローロケット）が飛び出すよ。

年齢別 遊びのポイント

- **年少では……** ロケットに写真やキャラクターを貼ってあげましょう。
- **年中では……** 的をつくって的当てゲームをしましょう。
- **年長では……** ロケットを飛ばして自分でキャッチして遊びましょう。
ロケットを低く飛ばして、走っていき、落ちるまでにキャッチしましょう。
体力遊びにもなります。

応用・発展

●かご（ビニール袋などでよい）を用意して、玉（ロケット）入れをしてみましょう。

第1章　遊びが広がるおもちゃ

⑫ ストローアーチェリー

ストローロケットの年長向きのおもちゃです。

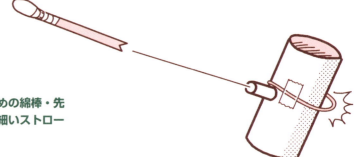

用意するもの
・トイレットペーパー芯・輪ゴム・太めの綿棒・先の曲がるストロー（大）・真っ直ぐな細いストロー

つくり方

①トイレットペーパー芯に鉛筆を通り抜けさせ穴をあける。

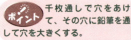
ポイント 千枚通しで穴をあけて、その穴に鉛筆を通して穴を大きくする。

②折り曲げたままの太いストローを通す。

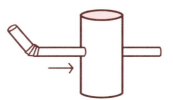

③折り曲げた長いほうにはさみを差し込んで、回しながら5、6か所切り込みを入れる。開くように折り曲げて、穴をふさがないようにセロハンテープでとめる。

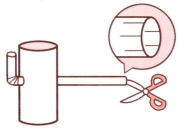

④ストローの先を1cmほど残して切り、輪ゴムをかけて、ストローの横をセロハンテープでとめておく。

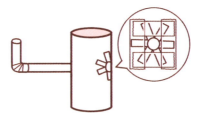

⑤太めの綿棒を半分に切り、細いストローに入れて、セロハンテープでとめ、反対側を山型に切り込みを入れる。

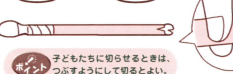
ポイント 子どもたちに切らせるときは、つぶすようにして切るとよい。

遊び方

①図のように矢をセットして、つまむように矢を持つ。
　☆矢を通すとき、ストローの穴の上に輪ゴムをおき、矢の切り込みを押すようにひっかけるとよい。
②矢を引いて離すと勢いよく飛んでいくよ。

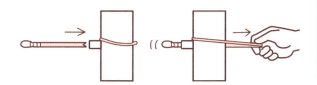

年齢別 遊びのポイント

- **年少では……** 保育者が前から矢（ストロー）を通し、指で持たせて飛ばすことを教えましょう。
- **年中では……** 自分で矢をセットできるように練習をしましょう。自分でできるようになると、遊びが広がります。
- **年長では……** トイレットペーパー芯の下部に紙を貼って底をつけると、矢立になります。たくさん矢をつくって差しておくとゲームをより楽しめます。

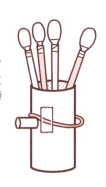

矢立をつくろう

遊んだあと、矢を入れておくと、次に遊ぶときにすぐ取り出せますし、持ち運びにも便利です。

応用・発展

- 距離の競争をしてみましょう。
- 射的や的当てをしましょう。
- みんなでいっせいに、空に向かって飛ばしてみましょう。
- 矢に名前を書いておくと、自分の矢さがしも遊びになります。

第1章 遊びが広がるおもちゃ

⑬ ジャンプガエル

かわいいカエルが、ピョーンと
飛び跳ねます。
びっくり箱にも使えますよ。

用意するもの
・1ℓの牛乳パック（1本）・輪ゴム・画用紙

つくり方

①牛乳パックの底を切り取って、6㎝の輪切りをつくる。

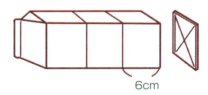

②輪切りのものをたたんで、上下4か所の角に切り込みを入れる。

③切り込みの中に、輪ゴムをかける。

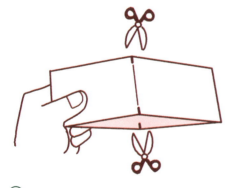

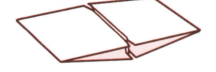

⑤③の輪ゴムを押さえるようにカエルを貼る。

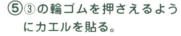

④画用紙にカエルを描き、切り抜いて、足を前後に折り曲げる。

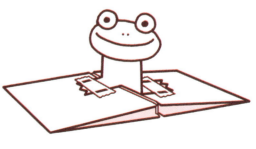

遊び方

①図のように、でき上がったジャンプガエルを反対に押しつぶすようにたたむ。
　※このときに輪ゴムが伸びる。
②たたんだまま、机や床の上に置き、折り目の角を指で押さえて、横にすべらせるように離すと、勢いよくジャンプするよ。

年齢別　遊びのポイント

- ●年少では……　手に握らせておき、開くとカエルが飛び出します。
- ●年中では……　ジャンプガエルをたたんで、上に本などをおき、簡単びっくり箱をつくりましょう。
- ●年長では……　菓子箱などに入れておき、みんなを驚かせるびっくり箱をつくりましょう。

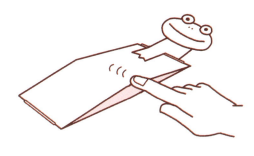

応用・発展

●絵本を読んでごっこ遊びに発展させましょう。カエルの登場する木村研の著書『999ひきのきょうだい』『999ひきのきょうだいのおひっこし』（ひさかたチャイルド刊）がオススメ。

⑭ ヘビのびっくり箱

ジャンプガエルを使ってつくります。ジャンプガエルと一緒に使えば遊びも楽しさ倍増です。

用意するもの
・牛乳パック（6cmの輪切りにしたもの）たくさん・輪ゴムをたくさん・18cm以上のスチロールトレー2枚

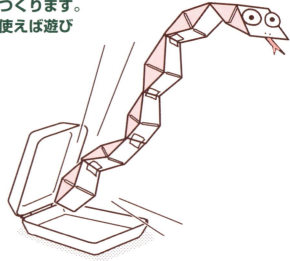

つくり方

① 絵を描かないジャンプガエルをたくさんつくる。

② ガムテープで、図のように上下を5、6個つなぐ。

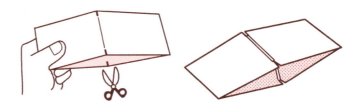

③ 目を描いたり。舌をつけてヘビにする。

④ トレーを伏せるように合わせて、1か所をガムテープでとめて箱をつくる。

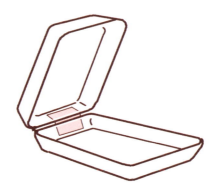

遊び方

①ヘビをたたんで、トレーの中に入れる。
②①の上に重ねるようにジャンプガエルを数枚入れ、ふたをして両手で持つ。
③トレーを開くと、ジャンプヘビがジャンプガエルを押し上げて飛び散る。

年齢別 遊びのポイント

- ●年少では……絵本の下にジャンプガエルやヘビをたたんで入れておき、絵本を持つと飛び出す、簡単びっくり箱で遊びましょう。
- ●年中では……ヘビのしっぽの部分に輪ゴムを通して親指と小指にかけ、手の上でたたんで開く、びっくり箱をつくりましょう。
- ●年長では……ジャンプヘビの上に、ばらばらのカエルを重ねたびっくり箱をつくって、おばけ屋敷などで使ってみましょう。

応用・発展

- ●箱に入れず、手に持って開くだけでもよいですね。
- ●ヘビの端に輪ゴム通して親指と小指にかけると、手から離れないのですぐに遊べます。

第1章　遊びが広がるおもちゃ

第2章　子どもとつくるおもちゃ

① ヘンシン絵本

子どもとお話がいっぱいできる、
楽しい遊べる絵本です。

用意するもの
・画用紙（色の薄い色画用紙でもよい）

つくり方

①画用紙の厚さにもよるが、はがきの半分くらいに切って、図のように、下から1/3くらいの部分を、左右から2/5くらいずつ切り込みを入れる。

②切り込みを入れたところで、前後（谷折り）に折る。

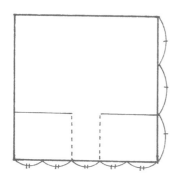
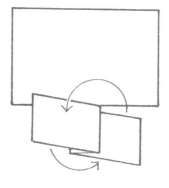

※このとき、両手の指先でつまんで、左右に引いてみて、くるっと回転をする具合を確かめてみよう。うまく回転しないようなら、上の部分の左右を切る。

ポイント 紙の大きさ・強さにもよるが、残る部分が切る部分より少なくする。

③表と裏に絵を描くと、回転して絵が変わる。この効果を考えいろいろな絵柄を考えよう。

（表）　（裏）

遊び方

①紙の両端を持って、左右にひく。
②押しもどす。
③繰り返すと、紙が回転して絵が変わる。

年齢別 遊びのポイント

- **年少では……** チラシなどから好きな絵柄を切り抜いて貼り、増えたり消えたりするように、ゆっくり回転させましょう。
- **年中では……** 写真や自画像(保育者が描いてもよい)を使って、キャラクターに変身するようにつくってみましょう。
- **年長では……** 「魚の身を食べ終わったら骨になる」などがわかる年齢になってきます。そういった効果を生かしたものをつくってみましょう。

応用・発展

●お楽しみ会やお誕生日会、読み聞かせの導入などにも使えます。それぞれの場面に合わせて、子どもたちがわくわくするような、絵柄を工夫してみましょう。

② 水に開く花びら

水に浮かべるときれいに花が開きます。

用意するもの
・古新聞紙

つくり方

①新聞紙を切って6cmくらいの正方形をつくり、図のように折る。

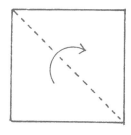 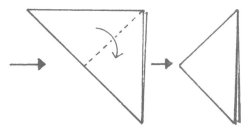

半分に折って、重ねてもう1回折る。

②図のように切る。

③開くと2cm幅の十字ができるので先の部分を花びらのように切る。

④花びら1枚ずつを内側に重ねるように折っていく。

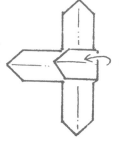 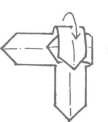 

遊び方

・皿に水を少し入れて、つくった花びらを浮かべてみよう。
ぱーっと花びらが開くよ。

年齢別 遊びのポイント

- ●年少では……花びらの中に印をつけて、当たり外れのくじにしましょう。
- ●年中では……半分に折った新聞を入れて4枚の紙をたたみ、水に浮かべてみましょう。
- ●年長では……8枚の花びらをつくって水に浮かべましょう。

<8枚の花びらのつくり方>

応用・発展

- ●夏祭りのくじに使ってみましょう。
- ●ある小さな保育園で、1か月間、毎日の係りを決めるためにくじをした先生がいます。

③ どんぐりペンダント

立体のペンダントです。
どんぐり拾いをしてからつくりましょう。

用意するもの
・どんぐり・画用紙・ひも

つくり方

①画用紙を好きな形に切って、ペンダント形をつくる。

②①にネコの顔を描く。このとき、目玉はどんぐりでつくるので描かないほうがよい。

ポイント どんぐりはたくさん拾って、なべで煮ておくと割れにくい。

③どんぐりを半分に切る。やわらかいものがよい。

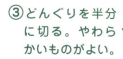

④木工用ボンドで目玉を貼りつける。

⑤ボンドが乾いたら、裏にガムテープでひもを貼り、ペンダントにする。

遊び方

・首にかけて遊びましょう。
・たくさんつくってお店やさんごっこをしましょう。

年齢別 遊びのポイント

● 年少では……　厚紙を好きな形に切って、どんぐりペンダントにしましょう。
● 年中では……　画用紙に絵を描いて、落葉やどんぐり（木の実）を貼って仕上げましょう。
● 年長では……　裏に安全ピンをつけて、ブローチやバッチをつくりましょう。

わたしがつくったペンダントよ！

第2章　子どもとつくるおもちゃ

応用・発展

● 運動会などに使えるように、いろいろな形のメダルをつくりましょう。

④ ゆらゆらカモメ

指先や鉛筆の先に止まる、
不思議なカモメです。

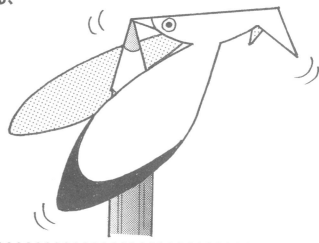

用意するもの
・画用紙・厚紙（牛乳パックでもよい）

つくり方

①はがきの2倍くらいの画用紙を半分に折る。

②図のようにカモメを描く。

 ポイント 顔の位置より羽根の部分を前に出すように描く。

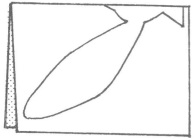

③切り取り、両面にカモメを描き、きれいに色をぬる。

<カモメつり用>

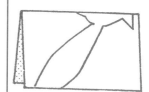

平らな部分を広くとると、立つようになる。

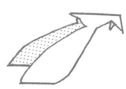

厚紙

つりざお

遊び方

・たくさんつくって、カモメを伏せるように下に置き、つりざおでつろう。

年齢別 遊びのポイント

- ●年少では…… 大きくつくって、指に止まらせてあげましょう。
- ●年中では…… 厚紙でつりざおをつくって、カモメつりをして遊びましょう。
- ●年長では…… バランスを考え、違った形の鳥やトンボ、キャラクターもつくってみましょう。

応用・発展

- ●部屋の中にある、花や葉っぱに止まらせてみましょう。
- ●バランスの悪いときは、羽の先に、重り（油粘土や厚紙を重ねて貼る）をつけてバランスをとってみましょう。

⑤ かんたんトレーパズル

子どもの描いた絵を生かしてつくるパズルですから、
世界に1つだけのおもちゃです。

用意するもの
・白いスチロールトレー

つくり方

①スチロールトレーの内側に、油性マーカーで絵を描く。

②カッターナイフで、いくつかのピースに切り分ける。
※数は子どもの年齢に合わせてかえよう。

遊び方

・ジグソーパズルで遊ぼう。
・バラバラになったパーツをもと通りにしよう。
・友だちのつくったものと交換して遊んでみよう。

年齢別　遊びのポイント

- **年少では……** パーツを二等分か三等分から始めて、発達（なれ）に応じて複雑にしたり、パーツ数を増やしていきましょう。
- **年中では……** 保育者が描いたパズルを組み立てて、描いてある絵を当てっこしましょう。
- **年長では……** 大きなスチロールトレーに絵を描き、パズルで遊んだあとは、スチロール用のボンドやセロハンテープで貼って、部屋飾りにしましょう。

この絵はどこに入るかな〜

今、切ってあげるね！

次はここかな？

うんそうだね！

応用・発展

- 同じ大きさのトレーの上で組み立てると、枠になるので便利です。

第2章　子どもとつくるおもちゃ

⑥ くいしんぼうのカエル

口の中には何がある？
のびる絵本をつくって
遊びましょう。

用意するもの
・画用紙やコピー用紙

つくり方

①画用紙を縦長に半分に切る。

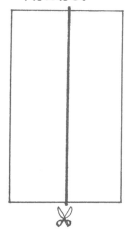

②さらに半分に谷折りする。

③上半分を山折りにする。

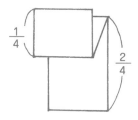

④図のように、折ったまま口をあけたカエルを描く。

⑤下に紙を伸ばし、抜けている部分の線をかきたす。
※口の中は白地。

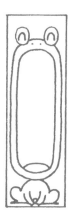

遊び方

①カエルや背景は子どもに色をぬらせる。
②テーマ（食べたいものを描こう、など）を決め、口の中に絵を描いたり、チラシなどを用意しておき、その絵を切って貼らせよう。

応用・発展

●大きな紙でつくって、献立表にしてみましょう。どんなごちそうが出てくるか子どもたちはドキドキです。
●のびる仕組み生かして絵本づくりをしてみましょう。

※拡大コピーをして、のびる絵本をつくってみましょう。

第2章　子どもとつくるおもちゃ

⑦ ごあいさつギツネ

あいさつに使えるおもちゃです。
年長児や保育者には手品の小道具としても便利です。

用意するもの
・B5判の画用紙

つくり方

①画用紙を縦長に半分に折る。

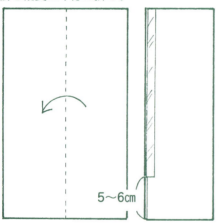

5〜6cm

②下のほうを5、6cm残してセロハンテープでとめる。

③中心線に向かって左右を折る。

④セロハンテープでとめ、左右を斜めに切る。

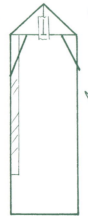

⑤前に折り曲げるとキツネになるので、顔を描く。

※セロテープを貼らなかったところに合わせ、横を切る。

5〜6cm

遊び方

・開いた紙の前後を左右の手で持って、前の紙を下に引くとキツネが、お辞儀をする。
朝や帰りのあいさつの時に使おう。

年齢別 遊びのポイント

- ●年少では……封筒の左右を切って、目を貼るだけの作品をつくってみましょう。
- ●年中では……子どもが片手で持てる大きさにキリンをつくってみましょう。餌をあげると、よく食べる「くいしんぼうのキリン」になります。
- ●年長では……慣れてきたら、見えない糸で引いているような手品につかえます。

応用・発展

●はし袋を使ってつくってみましょう。

⑧ ポンポンスタンプ遊び

版画で年賀状やクリスマスカードをつくったり、
お店やさんごっこなどでも使えます。

用意するもの
・白いスチロールトレー・画用紙（紙）・スタンプ台

つくり方

①油性マーカーで、トレー裏の平らな部分に絵を描く。

ワンポイント トレーを好きな形に切ってから絵を描くと、形もスタンプになります。形だけでも効果的です

②ゆっくり、スチロールトレーをとかすようになぞる。

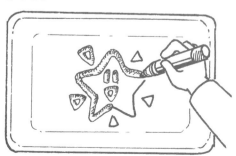

遊び方

・トレーにスタンプ台などで色をつけて、紙に押してみよう。
・年賀状やクリスマスカードをつくってみよう。

ポイント 文字や数字を入れる時は、逆になるので、絵だけのスタンプを押してから、文字を書くようにしよう。

応用・発展

●紙版画をやってみよう。

① 画用紙に絵を描き、バラバラに切り離す。

② トレー容器の裏（厚紙）に重ねたり離して貼る。

③ カードや年賀状に押す。

⑨「だぁーれ」のお話封筒

この子は「だぁーれ？」と封筒から出てくる友だちの当てっこをします。
友だちのことを覚える遊びに使えます。

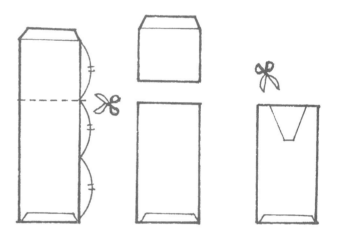

用意するもの
・画用紙・封筒

つくり方

①封筒の長さを決め、図のように裏側を三角形や台形に切る。

②封筒の大きさに合わせて画用紙を切る。
※図のように封筒に入る大きさで、封筒より長くする。

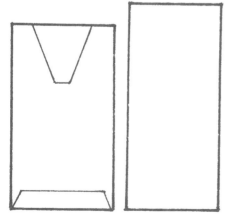

③封筒に入れて出てくる仕組みを考えて、画用紙に子どもの写真を貼る。

遊び方

・「だぁーれ？」「だぁーれ？」と子どもたちに聞きながらカードを抜いていく。
　新学期、新しい友だちの顔や名前を覚えるのに便利です。
・封筒に、魚やワニなどの絵を描いておき、その口から出てくるカードの絵を当てよう。

年齢別 遊びのポイント

- ●年少では……チラシなどから、くだものや魚などを切り抜いて貼り、「なぁーに？」と聞いてみましょう。
- ●年中では……好きなキャラクターなどを切り抜いて、カードに自分で貼らせましょう。
- ●年長では……クイズや似顔絵で問題をつくらせましょう。

応用・発展

●箱を使って、いろいろな「なぁーにBOX」をつくってみましょう。
詳しくは、木村研著のおもちゃの本(いかだ社刊)参照。

⑩ 牛乳パックのパズルボックス

"なぁーに遊び""ジグソーパズル"の
ほかに、お片づけも遊びになる
おもちゃです

用意するもの
・牛乳パック ・のりつきパネル ・画用紙

つくり方

① 図のように、牛乳パックを切る。

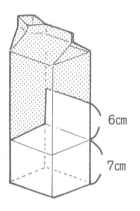

② 背を中側に折り曲げて、前の部分の左右を切りとる。

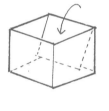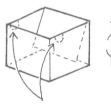

③ 前面に四角のマドを切り抜いて、ボックスを完成させる。

④ 画用紙を縦13cm・横19.5cmに切り、画面いっぱいに絵を描く。

のりつきパネル

⑤ 絵をのりつきパネルに貼って、6.5cmの正方形に切り離す。

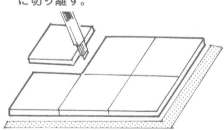

ポイント のりつきパネルは、くっつきやすいので、絵の紙を大きめに用意したほうが失敗が少ないでしょう。
あやまってくっついてしまったら、ドライヤーで風を送りながらゆっくりはがしましょう。
切るときは、のりつきパネルの裏に線を引いて切ると、絵がよごれません。

遊び方

年齢別 遊びのポイント
- ●年少では……4枚に切って、大きなピースでやってみましょう。
- ●年中では……キャラクターでつくってみましょう。
- ●年長では……子どもに似顔絵を描かせてつくってみましょう。

●絵合わせで遊ぼう
① 切り離したパネルを、マドから見えるように重ねてボックスの中に入れる。
②「これ、なーんだ」と、マドの絵(一部分)を見せていく。
③ 1枚ずつパネルを引き抜いていく。
④ 引き抜いたパネルを組み合わせよう。

●ジグソーパズルで遊ぼう
・いろいろなキャラクターを描いて、ジグソーをしよう。
・年齢に合わせて、枚数を増やしていこう。
・カレンダーや古くなった絵本などもパネルに貼ってつくってみよう。

応用・発展
- ●大きな箱でつくって、たくさんのピースを入れておきましょう。

⑪ 牛乳パックのブロック

子どもたちの創造力が大きく広がる
おもちゃです。

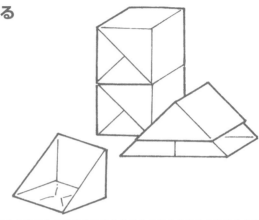

用意するもの
・牛乳パック（たくさん用意しておく）

つくり方

①牛乳パックの底を生かして、図のような三角をたくさんつくっておく。

<直接つくる場合>　　　　<カップ型に切ってつくる場合>

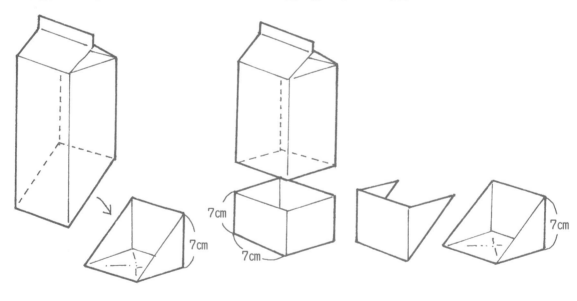

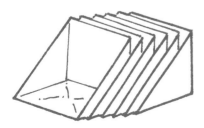

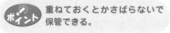
重ねておくとかさばらないで保管できる。

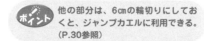
他の部分は、6cmの輪切りにしておくと、ジャンプカエルに利用できる。
（P.30参照）

遊び方

- 3個使えば三角形ができる。4個使えば四角形ができる。三角形と四角形を組み合わせて、いろいろなものをつくろう。

<三角形>

<四角形>

年齢別 遊びのポイント
●年少では……　三角や四角を保育者がつくっておいてあげましょう。
●年中では……　1人ひとり好きな形をつくらせてコンクールをしましょう。
●年長では……　たくさんつくっておき、グループで大きな作品をつくりましょう。

はい、どうぞ

三角1つ
くださいな

できた！

でんしゃが
とおりまーす

応用・発展
- いろいろな家をたくさんつくって街づくりをしましょう。
- 「パックンネコ」（P.9参照）につかえます。

第3章　みんなで遊ぶおもちゃ

① かんたん水でっぽう

幼児からできる
水遊びの道具です。

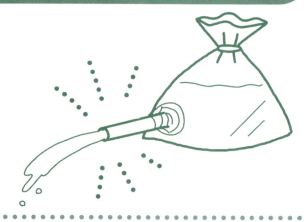

用意するもの
・ストロー・ビニール袋

つくり方

①ストローの先を斜めに切る。

②ビニール袋に空気を吹き込む。

③袋の口をしっかり持ち、ふくらんだ袋をストローのとがったほうでさす。

④さした部分を空気がもれないように、セロハンテープでしっかりと巻く。

遊び方

①袋の口を蛇口につけて、水を入れる。
②ストローの先を指でおさえて、袋を持つ。
③指を離して、袋を強くにぎると勢いよく水が飛び出す。

年齢別 遊びのポイント

- **年少では……** 園庭の花に水をかけてあげましょう。
- **年中では……** かわいた園庭やテラスに水で絵を描きましょう。
- **年長では……** スーパーのレジ袋でつくると、水の長持ちする水でっぽうができます。

応用・発展

- トイレットペーパーに品物をつり下げ、水でっぽうで射的をして遊びましょう。

第3章 みんなで遊ぶおもちゃ

② いい音聞こう

園の中で、散歩の途中で、いろいろな音を楽しみましょう

用意するもの
・紙コップ・スプーン・木綿糸

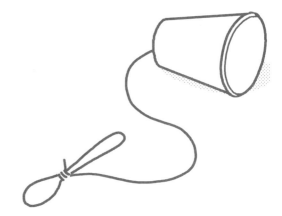

つくり方

①30cmくらいの長さに切った木綿糸にスプーンをしばりつける。

②木綿糸のはしを、紙コップの底にセロハンテープではる。

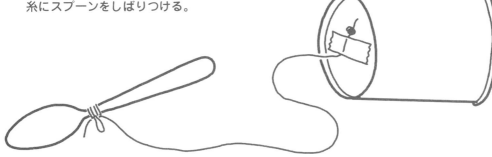

 紙コップに絵を描いたり、シールを貼ってかわいいオリジナルコップをつくろう。

遊び方

・紙コップを耳にあて、スプーンをひっぱって歩こう。
・スプーンをいろいろなものにあてて、どんな音がするか確かめよう。

応用・発展

● 糸電話をつくりましょう。
● 3人、4人でお話しをしてみましょう

③ インスタントカメラ

向かい合って「はい、チーズ！」
子どもたちに大人気のかんたんカメラです。

用意するもの
・画用紙

つくり方

①B5判の半分の大きさの紙をたくさん用意する。

②紙を横にして、中央あたりに6cm×8cmのわくを書き、左右と上の部分を図のように、切り込みを入れる。

③そのわくをカメラにみたてて、写真に撮りたい人（もの）の絵を描く。

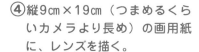
カメラもきれいに色を塗っておくとよい。

④縦9cm×19cm（つまめるくらいカメラより長め）の画用紙に、レンズを描く。

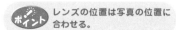
レンズの位置は写真の位置に合わせる。

遊び方

①写真を後ろに押し、レンズが出るようにもう1枚の紙をはさむ。
②写真を撮ってあげる人に向かってカメラをかまえ、「1，2の3」で、シャッターを横に引き抜く。

年齢別 遊びのポイント

- ●年少では……　写真を使ったり、好きなキャラクターを描いてあげましょう。
- ●年中では……　1人ひとり、自分の顔や好きな絵を描かせましょう。
- ●年長では……　昔懐かしい「インスタントカメラ」をつくりましょう。

※『子育てをたのしむ手づくり絵本』（ひとなる書房）参照。

応用・発展

●誕生日のプレゼントや卒園のお祝いに先生がつくってあげるのもいいですね。

④ 牛乳パックのカメラ

子どもたちの顔を覚えるのにとっても便利。
子どもたち1人ひとりを撮ってあげましょう。

用意するもの
牛乳パック(1ℓ)・厚紙・タコ糸

つくり方

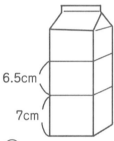

① 牛乳パックを7cmの高さのコップ型と、6、5cmの輪切りに切る。

② コップ型の正面に窓を切り開ける。

③ 輪切りをコの字形に半分に切る。まず、二重に貼り合わせてある面の真ん中を切り、その反対面を切る。

ポイント カッターナイフで切るときは、もう1枚牛乳パックを差し込んで切ったほうが安全。子どもに切らせる場合は、切りたい面の正面に鉛筆で穴を開けてから、はさみを入れて切るとよい。

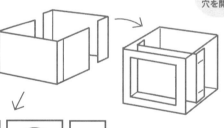

④ コの字形（二重に貼り合わせてないほう）を逆（白いほうが表になる）に折って、窓の前（1cmほどあける）に、ホチキスでとめる。

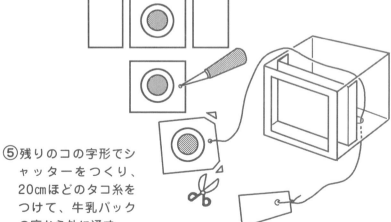

⑦ 6.5cm×6.5cmの画用紙で写真（絵を描いておく）をつくる。

⑤ 残りのコの字形でシャッターをつくり、20cmほどのタコ糸をつけて、牛乳パックの底から外に通す。

⑥ 糸止めをつけておく。

遊び方

①写真を窓から見えるように入れる。
②シャッターを写真の前（注・糸のついている方が下になる）に入れる。
③相手に向かってカメラをかまえる。
④「1、2の3」で、糸止めを下に引くと、シャッターが開いて写真を撮ったようになる。

年齢別 遊びのポイント

- ●年少では…… 子どもの写真(似顔絵でもよい)やキャラクターなどを使って、写真を撮ってあげましょう。
- ●年中では…… 撮ってもらうより撮ってあげることが好きになる頃です。カメラマンになってもらい、いろいろ撮ってもらいましょう。
- ●年長では…… 友だちや花・動物などの写真をたくさんつくっておき、お店やさんごっこで"写真屋さん"を開店しましょう。

応用・発展

- ●お店やさんごっこで写真屋さんをしましょう。
- ●クイズの答え合わせに使いましょう。
- ●友だちの顔を覚えるのに使いましょう。

第3章 みんなで遊ぶおもちゃ

⑤ くるくるたこコプター

年少から遊べる回りです。
外で元気に走りましょう。

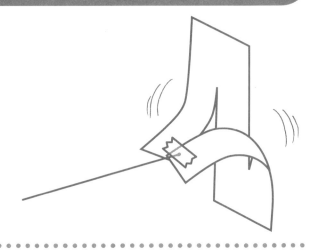

用意するもの
・色画用紙（はがき半分大）・木綿糸

つくり方

①図のように、左から1/3の部分の下から2/3まで切り込みを入れる。

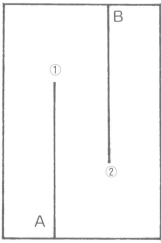

②右から1/3の部分の上から2/3まで切り込みを入れる。

③AとBの部分にのりをつけて貼り合わせる。

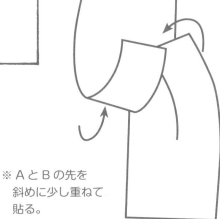

④貼り合わせた部分に50cmから1mほどの木綿糸をつける。

※AとBの先を斜めに少し重ねて貼る。

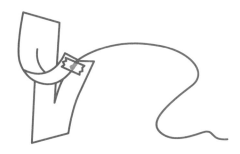

ポイント 穴をあけてしばってもよいが、抜けないように結び玉をつくってセロハンテープでとめるだけでもよい。

遊び方

・糸を持って走ってみよう。くるくるよく回ってきれいです。

ポイント 糸がだんご状になるので、こまめに直してあげましょう。しばらくつり下げておくとよりがもどります。

年齢別 遊びのポイント

- **年少では……** 窓べにつり下げておいたり、サークル車につけて散歩に行きましょう。
- **年中では……** 画用紙に円をかき、その中に絵を描いてからつくりましょう。
- **年長では……** 折り紙を半分に切って、木綿糸でつくり、連だこふうに長くつなげて走ってみましょう。

●連だこふうにするには同じものを2つ以上つくり、紙の裏の中心に糸を貼ってつなげていきます。

応用・発展

●いらなくなったカレンダーなどを使うと、絵を描かなくてもきれいです。
●たくさんつくるときは、糸と一緒にホチキスでとめると簡単ですが、針に気をつけましょう。

⑥ ふわふわフクロウだこ

年少用のたこですが、応用しだいで年長も楽しく遊べるたこです。

用意するもの
・薄いビニール袋・タコ糸・画用紙

つくり方

①ビニール袋に空気を入れて、しっかりとしばる。

②油性マーカーで袋にフクロウの顔を描く。

③画用紙で羽としっぽをつくり、セロハンテープで袋に貼る。

④持つための糸をつける。

遊び方

・糸を持って走ってみよう。
・ふわふわふわふわ、あとからついてくるから楽しいよ。

ポイント　後ろを見ながら走ると転びやすいから注意しよう。

年齢別 遊びのポイント

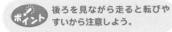

- ●**年少では……** ビニールのかさ袋でつくってみましょう。
- ●**年中では……** 大きなゴミ袋やスーパーのレジ袋でつくってみましょう。
- ●**年長では……** たこづくりに発展できればいいですね。

☆先生へのアドバイス！
年少児も参加のたこあげ大会をしましょう。

持って走るとふわふわついてくるのね！

⑦ 動物レース

動物人形をたくさんつくって、
みんなで遊びましょう。

用意するもの
- ヨーグルトの容器やアイスクリームの容器
- 画用紙・大きめのビー玉やゴルフボール

つくり方

①画用紙に目や耳, しっぽを描く。

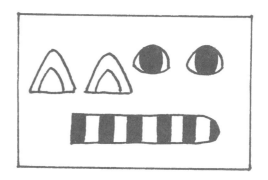

②ヨーグルトの容器などに画用紙で
　つくった目や耳を貼り、動物をつくる。

ネコ

※決まりはありません。
　子どもたちの自由な
　発想でいろいろな動
　物をつくってみまし
　ょう。

ウサギ

遊び方

①画板やテーブルを斜めにしてスロープをつくる。
②容器の中にゴルフボールなどを入れてスロープの上におく。
③「1,2の3」で手を離すと動物が走り出す。

年齢別 遊びのポイント

- ●年少では……みんなでいっせいにやってみましょう。
- ●年中では……落ち葉などを貼ってつくりましょう。
- ●年長では……長いスロープをつくったり、すべり台などにのせてやってみましょう。

うわあ〜おもしろい

がんばれー！

長いスロープでみんなでレース楽しいよ〜っ!!

応用・発展

- ●容器がないときは、紙を帯状に切って楕円形にし、中にビー玉などを入れてつくりましょう。

⑧ 穴あき迷路絵本

オリジナルの迷路絵本をつくって遊びましょう。

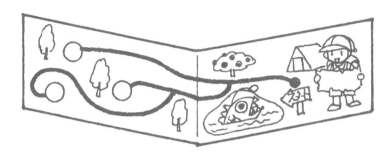

用意するもの
・ケント紙か色の薄い色画用紙

つくり方

① 用紙を細長く切る。

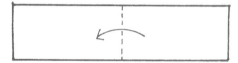

② 2つ折りにしてから開き、穴あけパンチで複数箇所（紙の幅、長さによって変える）に穴をあける。

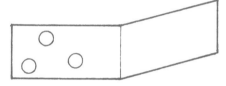

③ 図のように穴に向かって道を書き、ストーリーを考える。

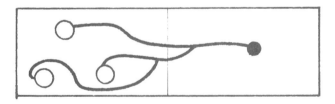

⑤ 表紙を描く。

④ 次のページに穴から続いた道を書き、絵をつける。

遊び方

・いろいろな迷路を考えて楽しもう。

年齢別 遊びのポイント

- **年少では……** 穴を2つあけてつくってみましょう。迷路というより、"穴の先に何があるか"だけでも楽しめます。
- **年中では……** 迷路の穴の先にシールやチラシなどから切り抜いたものを自由に貼って、何が出るか、当てっこしてみましょう。
- **年長では……** 表紙にも穴をあけると、2度迷路が楽しめます。また、紙を何枚も重ねると、長い穴あき迷路の本になります。

応用・発展

- 表紙（1ページ目）に2つ穴を開け、3ページ目に3つくらい穴を開けると、迷路が2度楽しめます。
- 迷路を何枚もつなげて長い迷路の本をつくりましょう。

第4章　体をつかって遊ぶおもちゃ

① ふーふー雪だるま

雪が降らなくても、
雪だるまで遊べるよ。

用意するもの
・厚紙(名刺程度)・タコ糸・穴あけパンチ

つくり方

①厚紙を名刺大に切り、穴あけパンチで上のほうに穴をあける。

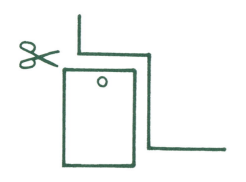

②紙に雪だるまの絵を描く。

③長いタコ糸に雪だるまカードを通す。

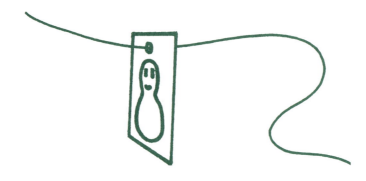

遊び方

①子どもの身長に合わせて（目安は顔の高さ）タコ糸を張る。
②スタートとゴールラインを決める。（線を引いても目印をつけてもよい）
③スターラインから、雪だまカードを「ふーふー」吹きながら進もう。

年齢別 遊びのポイント

- **年少では……** 糸を低く（腰のあたり）張って、カードの下に糸をつけ、ひっぱって歩こう。好きな動物のカードをつくってもいいですね。
- **年中では……** うちわ（なければスチロールトレーやヨーグルト容器）で、あおぎながら、雪だるまレースをしましょう。
- **年長では……** 自分の雪だるまカードや好きなキャラクター、動物などを描いたカードをつくってレースをしましょう。

応用・発展

- 何本もロープを張り、グループに分かれて競争しましょう。
- プレールームや長い廊下に、全員のカード（1人1枚）をタコ糸に通しておき、順番にカードを吹いてゴールまで行きましょう。保育者は応援団になろって盛りあげましょう。

第4章　体をつかって遊ぶおもちゃ

② トントン紙ずもう

力が弱くても勝てる!
トントンずもうです。

用意するもの
・折り紙 ・菓子箱

つくり方

〈おすもうさんをつくる〉
①折り紙を図のように8等分に切る。

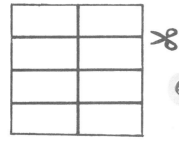

②切り離した1枚1枚のまん中に絵を描く。

ポイント 絵の苦手な人は、シールや写真を貼ってもいいよ。

③裏側から鉛筆などでしごいて、丸みをつける。

④丸めて、セロハンテープでとめる。

〈土俵をつくる〉
①菓子箱の大きさに合わせて、中央に土俵を描く(別の紙に土俵を描いて貼ってもよい)。箱は開かないようにセロハンテープなどでとめておくとよい。

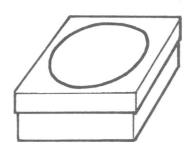
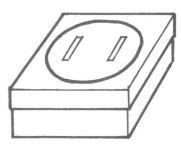

遊び方

①土俵のしきり線におすもうさんを立たせよう。
②左右に別れて、指でトントンと箱をたたいて、すもうをさせよう。

年齢別 遊びのポイント

- ●年少では……大きな箱で土俵をつくり、全員のおすもうさんを1度に立たせて、みんなで一緒に土俵をたたいて遊びましょう。
- ●年中では……グループになり、5人抜きの勝ち抜き戦をやりましょう。
- ●年長では……色画用紙などで大きめのおすもうさんをたくさんつくり、名前をつけて、部屋の親方になりましょう。

はっけよーいのこった！

第4章 体をつかって遊ぶおもちゃ

応用・発展

- ●保育者は行司になって、子どもたちのおすもうさんを呼び出して、すもうをとらせましょう。
- ●軍配や衣装をつくってやってみましょう（軍配はうちわを利用してもよい）。

③ ペッタンてるてるぼうず

雨の日でも、部屋の中で遊べる、てるてるぼうずのおもちゃです。

用意するもの
・ビニールのかさ袋 ・ティッシュペーパー
・トイレットペーパー

つくり方

①かさ袋にトイレットペーパー（ティッシュペーパー）を丸めながらつめ込む。

②丸くなる（てるてるぼうずの頭になる）ようにしばる。

③体のバランスを考えて切る。

④セロハンテープで形を整えてから、油性マーカーで顔を描く。

※いろいろな顔のてるてるぼうずをつくろう。

遊び方

①壁にガムテープを逆まきにして貼った的を何か所かにつくる。
②離れたところから、的に向かって、てるてるぼうずを投げると、ペッタンとくっつく。

年齢別 遊びのポイント

- **年少では……** スチロールトレーに逆まきのガムテープをはって上に投げ、1人でキャッチをして遊びしましょう。慣れてきたら、2人でやってみましょう。
- **年中では……** ラップ芯などにガムテープを逆まきに貼った的をつくり、年齢に応じて上下させながら、玉入れをするように遊びましょう。
- **年長では……** オニごっこ遊びをしましょう。オニは、体に逆まきのガムテープをはって逃げ回り、ほかの子は、オニに向けててるてるぼうずを投げてくっつけます。チーム対抗戦でやっても楽しいですね。

応用・発展

- 点取りゲームになるような的をいろいろ考えてみましょう。

第4章 体をつかって遊ぶおもちゃ

④ ジャンボヨーヨー

動きがユニークで、
いろいろな遊びが広がるおもちゃです。

用意するもの
・スーパーのレジ袋・古新聞・輪ゴム

つくり方

①袋に丸めた古新聞をつめてボールをつくる。

②セロハンテープを貼り、丸く形を整える。

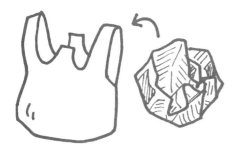

※しばるだけでもよい。

③輪ゴムを3本つないだものを、2本つくる。

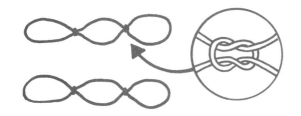

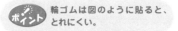
ポイント　輪ゴムは図のように貼ると、とれにくい。

④ボールの上下に、つないだ輪ゴムをセロハンテープで貼る。

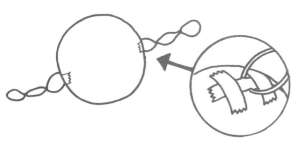

⑤目や口を描く（画用紙などを貼ってもよい）。

遊び方

①上下の輪ゴムを中指にはめる。
②ポンポンと、ボールをつくようにヨーヨーをしてみよう。

年齢別 遊びのポイント

- **年少では……** 顔を描き（目鼻を切り抜いてはってもよい）、長い手をつけ、一緒に散歩につれて行きましょう。ふわふわとついてきてかわいいよ。

- **年中では……** 保育者が上下の輪ゴムを手と足につけて、パンチボールにして子どもたちに打たせましょう。木などにとりつけてもいいね。

- **年長では……** 外に出て、一方の輪ゴムを足にはめ、1人サッカーの練習をしましょう。輪ゴムを長くして、ボーリングのようにピンを立てて、射的やボーリングなどもしてみましょう。

※紙テープなどで手をつけるとかわいいよ。

第4章 体をつかって遊ぶおもちゃ

⑤ むくむくびっくり箱

紙コップのふたが開くびっくり箱。
いろいろなびっくり箱がかんたんにできます。

▎用意するもの
・ビニールのかさ袋・先の曲がるストロー・紙コップ・厚紙

つくり方

①子どもが2、3回でふくらませられるくらい（目安は紙コップより少し長めに）に切る。

ポイント 子どもたちに、穴があいてないか確かめるように吹かせてみると、長さの目安がつきやすい。

④鉛筆で、紙コップの底に穴をあける。

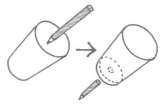

ポイント 内側から穴をあけるとストローを通しやすい。

⑤袋をつけたストローをコップの穴に通す。

②ストローを曲げ、曲げたままで短いほうに、切ったビニール袋をかぶせ、空気がもれないように、セロハンテープを巻きつけるように貼る。

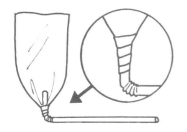

ポイント ねじると空気が入らないことが多いので、袋はねじらないようにする。また、セロハンテープを鉢巻きのように巻くだけでは、紙コップに通すときに抜けやすいので、ストローにまでしっかりと巻きつける。

⑥ストローを折り曲げ、ビニール袋を紙コップ中に入れる。

③油性マーカーで絵を描く。

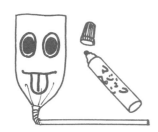

⑦紙コップと同じ大きさに厚紙を切り、1か所だけ貼り、ふたにする。

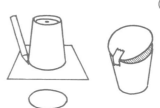

遊び方

①袋を紙コップの中に入れてふたをする。
②友だちの前で、ストローを強く吹いてみよう。

年齢別 遊びのポイント

- ●年少では……チラシなどの食べ物やキャラクター（本人の写真でもよい）をビニール袋の先に貼ってみましょう。
- ●年中では……カップメンやかき氷の大きな容器にむくむくくんを2～3こ入れておき、どれがでてくるかわからないようにして遊びましょう。
- ●年長では……紙コップの底を抜き、ビニールのかさ袋をかぶせて、プールやおふろで遊べるむくむくくんをつくりましょう。

応用・発展

●長い袋に絵を描いて「むくむくくん」をつくろう。吹くと、むくむくと起きてきて楽しい。

ぼくのは長いぞ

第4章 体をつかって遊ぶおもちゃ

⑥ 煙突から出てくるサンタさん

むくむくびっくり箱の応用です。どこまで伸びるかな？

用意するもの
ビニールかさ袋 2枚・牛乳パック（1ℓ）・先の曲がるストロー

つくり方

①先の曲がるストローの短いほうに長いままのかさ袋を巻きつける。

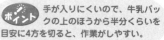

⑤底の薄い部分に、中から鉛筆を通り抜けさせる。

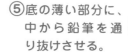

ポイント 手が入りにくいので、牛乳パックの上のほうから半分くらいを目安に4方を切ると、作業がしやすい。

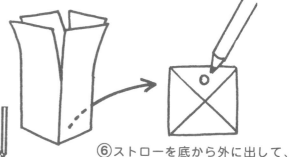

②袋の先を、穴をあけるようにはさみで少し切る。

⑥ストローを底から外に出して、長い袋をふんわりと箱の中に入れる。

③もう1枚のかさ袋を、穴のあいたかさ袋の上にかぶせ、上のほうの袋にサンタの顔を描いた紙を貼る。

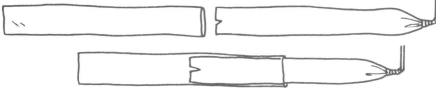

④牛乳パックの口を開き、先を切り取る。

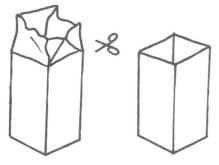

⑦牛乳パックに煙突の絵（紙を貼ってもよい）を描く。

遊び方

①牛乳パックの煙突を持って、ストローを吹いてみよう。
②袋がむくむくと、てんじょう近くまで伸びてすーっと抜けるよ。

年齢別 遊びのポイント

- **年少では……** 吹くのが大変ですから「むくむくくん」か「びっくり箱」で遊びましょう。

- **年中では……** 年少と同じですが、つくらせたいときは、酸欠にならないように短めにつくりましょう。

- **年長では……** 長い袋、伸びていく袋、抜ける袋の効果を考えて絵を描きましょう。
  仕組みがわかったうえで、何本もつくると楽しい作品がたくさんできます。

応用・発展

● ろくろっくびなどをつくって、お化け屋敷などで遊びましょう。

第4章 体をつかって遊ぶおもちゃ

⑦ 速いぞ！ロープウエー

友だちとなかよく遊ぶおもちゃです。
ロープウエーに何かを入れて運ぶと、
さらに遊びが広がります。

用意するもの
・トイレットペーパー芯・牛乳パック(1ℓ)・タコ糸

つくり方

①牛乳パックで図のようにロープウエーをつくる。

②①を組み立てる。

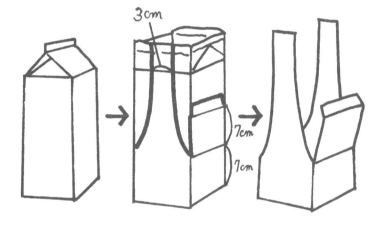

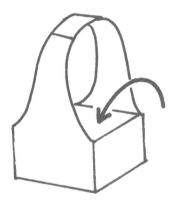

③上部にトイレットペーパー芯を貼りつける。

④トイレットペーパー芯に絵を描いたり、シールを貼ったりしてきれいに仕上げる。

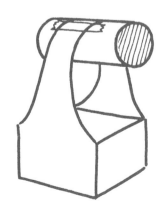

第4章 体をつかって遊ぶおもちゃ

遊び方

※2人で遊びます。
①タコ糸2本をトイレットペーパー芯に通す。
②2人とも両手に糸を持ち、離れて立つ。
③交代でタコ糸を左右に広げると、ロープウエーが進む。

年齢別 遊びのポイント

- ●年少では…… トイレットペーパー芯に窓を貼りつけてロープウエーにし、2人で動かしてみましょう。
- ●年中では…… 紙コップの両脇に短いストローをつけ、長いタコ糸を通して、壁のくぎなどに引っかけます。タコ糸を左右に開くと、ロケットのようにするすると上っていきます。
- ●年長では…… ティッシュケースなどにトイレットペーパー芯をつけて、ケーブルカーやモノレールに見立てて遊びましょう。

応用・発展

●2階まで糸を1本張り、ロープウエーに糸をつけて、二階に引き上げられるようにしましょう。手紙やお菓子を入れて運ぶと楽しいですよ。

おてがみはいってるよ

第4章 体をつかって遊ぶおもちゃ

⑧ おきあがるくん

倒しても倒しても
ムックリ起きあがってくるよ。

用意するもの
・ビニール袋(大)・薄いビニール袋(小)・油粘土・紙皿

つくり方

①大きなビニール袋にキャラの絵(全身)を描く。

②紙皿に粘土をのせ、ビニールテープでおさえるようにとめる。

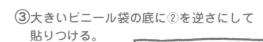

③大きいビニール袋の底に②を逆さにして貼りつける。

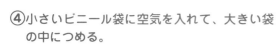

④小さいビニール袋に空気を入れて、大きい袋の中につめる。

⑤大きいビニール袋にも空気を入れて口をしばる。

遊び方

①押し倒してみよう。
②むっくり起きてくるよ。

年齢別 遊びのポイント

- ●年少では……下まで引っぱって倒し、離してみましょう。手などをつけてもいいですね。
- ●年中では……オニや怪獣を描いて、パンチ、パンチでやっつけましょう。起きあがって襲いかかってくるのをよけて、パンチ、またパンチ!!
- ●年長では……柔道をしましょう。背負い投げや一本投げに挑戦!

応用・発展

●遊び方などによってあぶないときなどは、重しを変えてつくりましょう。
　また、乗って遊びたくなったら、重しの代わりに空気を入れた小さい袋をたくさんつめましょう。

第4章 体をつかって遊ぶおもちゃ

⑨ ふきふき動物運動会

いろいろな動物をつくって、みんなでレースをしましょう。
雨の日も室内で楽しい運動会ができます。

用意するもの
・古はがきまたは、はがき大の画用紙

つくり方

①はがきサイズの半分の面に、立って走る動物の上半身を描く。

②もう半分（下）に、図のような足を描く。

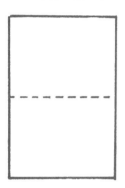

③切り抜いて色をつける。同じように裏も描く。

④足を前後に開く。

遊び方

・机や床に置いて、後ろから吹いてみよう。スーッとすべるように走るよ。
・高い所から落としてみよう。クルッパッと、じょうずに着地をするよ。

年齢別 遊びのポイント

●**年少では**……　足の長い（？）保育者は、股下トンネルをつくってあげましょう。

●**年中では**……　教室や廊下で、一列になって競争をしましょう。

●**年長では**……　先の曲がるストローで吹きながら、チームをつくってリレーをしましょう。

応用・発展

●古はがきや名刺で、図のような馬をつくってみましょう。
●父母参観の時、親子で一緒につくって、競馬レースをしてみましょう。

第4章　体をつかって遊ぶおもちゃ

⑩ 飛べ！ロケット鳥

ゴムの力で勢いよく飛んでいきます。
いろいろな遊びにも使えるおもちゃです。

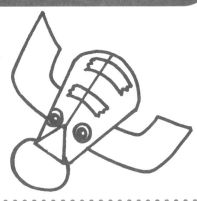

用意するもの
・折り紙・B5判くらいの紙(チラシでもOK)・輪ゴム

つくり方

①折り紙を図のように、1/2、1/4に切り分ける。

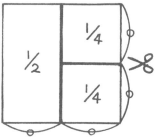

②1/4の1枚で、円すいをつくり、セロハンテープでとめる。

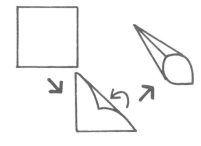

③図のように余分なところを切り落とし、先端を折り曲げて輪ゴムをつける。

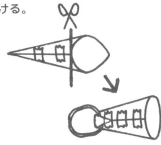

④1/2の紙を半分に折り、図のように羽をつくる。

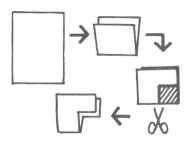

⑤つくった羽を③にセロハンテープで貼りつける。

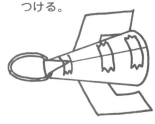

⑥③に目を描く。

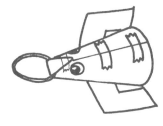

⑦B5判の紙を縦に丸めて、セロハンテープでとめる。

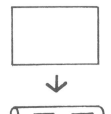

⑧片方の先に切り込みを入れ、発射台をつくる。

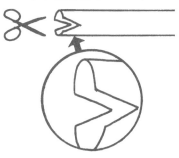

遊び方

①発射台の切り込みに、ロケット鳥の輪ゴムをひっかける。
②鳥をひっぱって、はさむように持つ。
③鳥を離すと、勢いよく飛んでいく。
④羽のバランスを考えて調整しよう。

年齢別 遊びのポイント

- **年少では……** 箱の内側に割りばしを固定して、発射台をつくりましょう。幼児もひっぱるだけで飛ばせます。
- **年中では……** 新聞紙などの真ん中を大きく切り抜いて、部屋の中央（部屋の入り口）などに貼り、離れたところから通り抜けるように飛ばしてみましょう。
- **年長では……** ロケット（羽はつけない）で、射的や的あてをしましょう。

第4章 体をつかって遊ぶおもちゃ

応用・発展

●鳥（円すい）の先にティッシュペーパーを丸めてぎゅっとつめ込むと、重くなりよく飛びますが、危ないので、年齢を考え、重さを考えてつくりましょう。

⑪ トレーグライダー

子どもたちに大人気。
軽くてよく飛ぶグライダーです。

用意するもの
・トレー・タコ糸・せんたくばさみ

つくり方

①トレーにグライダーの図面を描く。

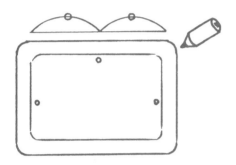

②線にそって、カッターやはさみで切りとる。

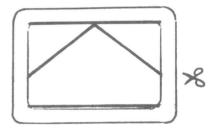

③残ったトレーで、垂直尾翼をつくる。
　(1)平らなところに図面を描く。
　(2)切りとる。
　(3)切り込みを入れる。

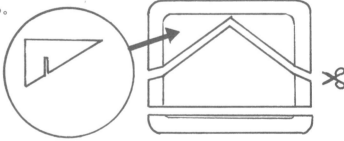

④グライダー本体に③の尾翼を組み込み、セロハンテープやスチロール用接着剤でとめる。

⑤せんたくばさみを先につける。グライダーの羽に、1～2mくらいのタコ糸をつける。

※左ききの人は右側の羽につける。

⑫ すいすい鳥

糸をぐるぐる回せばすいすい飛ぶ鳥です。
広い外で遊びましょう。

用意するもの
・B5判ぐらいの画用紙・タコ糸・トイレットペーパー芯

つくり方

①B5判ぐらいの画用紙を半分に折り、鳥の絵を描いて切り抜く。
　※開くと左右対称の鳥になる。

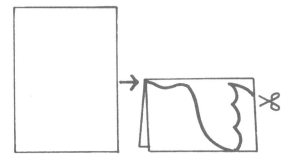

②鳥をトイレットペーパー芯に貼る。

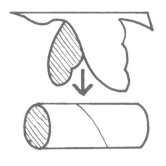

 羽がトイレットペーパー芯の半分より後ろになるようにする。

③糸にセロハンテープを貼ってから、羽をつける。
　※糸の長さは1mぐらいからはじめよう。

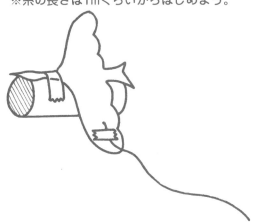

●糸がからまってしまったら……
糸が団子状になってしまったときは、吊しておけば、よじれがもどります。

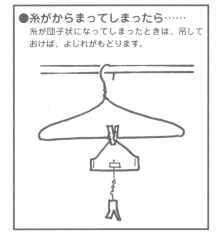

第4章　体をつかって遊ぶおもちゃ

遊び方

① 頭の上で糸をくるくる回そう。
② 糸をゆっくり伸ばしていこう。

年齢別 遊びのポイント

- **年少では……** 保育者が抱いて動きに合わせて、一緒に回って楽しさを教えてあげましょう。
- **年中では……** スズランテープを細くさいて、鳥の頭の部分につけてみましょう。鳥が羽ばたくような音がするので子どもたちも大喜びです。
- **年長では……** 「くるくるたこちゃん」を「インスタントプロペラ」にしたり、木の葉をつけたりして、いろいろな形の鳥やグライダーをつくってみましょう。

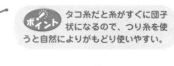

ポイント タコ糸だと糸がすぐに団子状になるので、つり糸を使うと自然によりがもどり使いやすい。

応用・発展

● 厚紙や箱を使っていろんな鳥をつくってみましょう。

● くるくるたこちゃん（インスタントプロペラ）の作り方

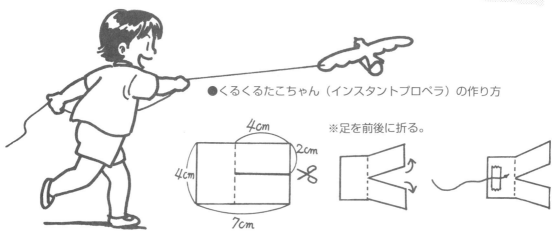

※足を前後に折る。

【プロフィール】

木村　研
（きむら　けん）

1949年　鳥取県生まれ
児童文学作家　日本児童文学者協会会員　牛の会同人　おはなし散歩の会会員
2012年ドイツ児童文学賞絵本部門ノミネート＆「金の本の虫賞」受賞
（『999ひきのきょうだいのおひっこし』）

著書

「999ひきのきょうだい」シリーズ（ひさかたチャイルド）
『わくわく！びっくり！かんたん手づくり絵本』（チャイルド本社）
『一人でもやるぞ！と旅に出た』
『おねしょがなおるおまじない！』
『おしっこでるでる大さくせん！』（以上、草炎社）
『わすれんぼうのぼう』（草土文化）
『子育てをたのしむ手づくり絵本』
『遊ばせ上手は子育て上手』（以上、ひとなる書房）
「ゆびあそび」シリーズ、
「能力アップ！子どもとつくるおもちゃ」シリーズ（以上、星の環会）
『年齢別0〜5歳　5分でできる手づくりおもちゃ　100倍楽しむ本』
『手づくり工作レクリエーション』
『超速ショートレクリエーション』
『まるごとバスレク　100倍楽しむ本』（以上、いかだ社）　など多数

本書は 2004 年 3 月小社より刊行されたものの DVD 付新装版です。

イラスト●岩崎美紀　上田泰子　藤田章子
編集●内田直子
DTP●渡辺美知子デザイン室

映像制作●株式会社 遊
協力●興梠咲也花　中本羽鞠　西村有加　株式会社テアトルアカデミー

付属 DVD について

| NTSC日本国内用 | 31分 | 16:9 | COLOR | STEREO | MPG 2 | 片面・一層 |

■DVD ビデオは、映像と音声を高密度に記録したディスクです。DVD のロゴマークのついた DVD 対応プレーヤーで再生してください。■詳しい再生上の取扱い方については、ご使用になるプレーヤー等の取扱説明書をご覧ください。また、一部のパソコン、DVD 対応プレーヤーでは再生できないことがございます。ご了承ください。■この製品を権利者に無断で複製、改変、貸与、公衆送信、上映等を行うことは法律により禁じられています。

【館外貸出可能】
※本書に付属の DVD は、図書館およびそれに準ずる施設において、館外貸し出しを行うことができます。

手づくりおもちゃを 100 倍楽しむ本【DVD付】
2015 年 2 月 14 日　第 1 刷発行

編著者●木村　研Ⓒ

発行人●新沼光太郎
発行所●株式会社いかだ社
〒102-0072　東京都千代田区飯田橋 2-4-10　加島ビル
Tel.03-3234-5365　Fax.03-3234-5308
E-mail　info@ikadasha.jp
ホームページ URL　http://www.ikadasha.jp/
振替・00130-2-572993

印刷・製本　株式会社ミツワ

乱丁・落丁の場合はお取り換えいたします。
ISBN978-4-87051-441-6
本書の内容を権利者の承諾なく、営利目的で転載・複写・複製することを禁じます。